AF250884

NOTICE HISTORIQUE

SUR

JEAN, SIRE DE JOINVILLE

Sénéchal de Champagne,

Par A. CHEZJEAN,

DIRECTEUR DU MUSÉE DE CHAUMONT (HAUTE-MARNE).

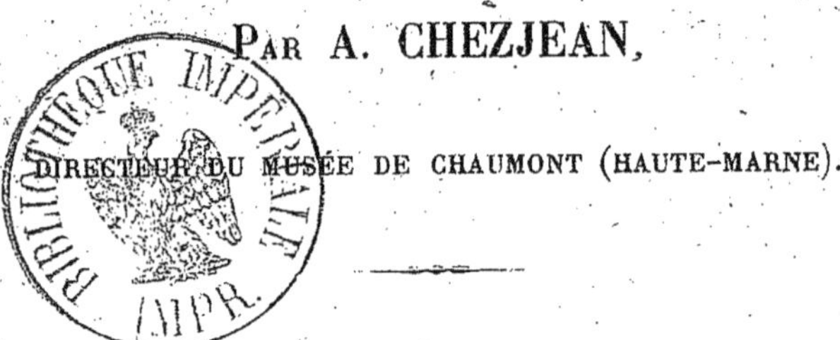

Prix : 50 cent.

CHAUMONT,

IMPRIMERIE ET LITHOGRAPHIE C. CAVANIOL.

1853.

MAUSOLÉE DE JEAN SIRE DE JOINVILLE

Découvert en 1630, au château de Joinville.

A. Lamy del.

Sceau de la Maison de Joinville.

Sceau de la lettre adressée
à Louis-le-Hutin.

Chaumont. Lith. Cavaniol.

Chaumont, lith. Cavaniol.

A. Lamy del.

CHATEAU DES SIRES DE JOINVILLE.

NOTICE HISTORIQUE

SUR

JEAN, SIRE DE JOINVILLE

Sénéchal de Champagne.

BIBLIOTHÈQUE IMPÉRIALE IMPR.

CHAUMONT, IMPRIMERIE ET LITHOGRAPHIE CH. CAVANIOL.

DÉPOT LÉGAL
H^{te} Marne.
N° 34
1853

NOTICE HISTORIQUE

SUR

JEAN, SIRE DE JOINVILLE,

Sénéchal de Champagne,

PAR A. CHEZJEAN,

Directeur du Musée de Chaumont (Haute-Marne).

Au moment où le Conseil général de la Haute-Marne vient, sur la proposition de l'honorable M. de Lespérut, de décider qu'une statue monumentale serait élevée par souscription à la mémoire du sire de Joinville, sur la place principale de la ville dont il a porté le nom, nous avons cru utile de retracer aussi succinctement que possible, la vie de cet homme illustre et d'énumérer les titres qu'il peut avoir à cet acte de la reconnaissance publique.

JEAN, sire de JOINVILLE, sénéchal de Champagne, issu de l'une des plus anciennes familles de cette province, naquit en 1223 ou 1224 ; il était fils aîné de Simon, seigneur de Joinville, et de Béatrix de Bourgogne ; quoique fort jeune encore, il fut fiancé, au mois de juin 1231, à Alix, fille de Henry, comte de Grand-Pré ; ce mariage ne fut réalisé que vers la fin de 1239 ou au commencement de 1240. Alix de Grand-Pré étant morte, Joinville épousa en secondes noces Alix de Reysnel. On ne connaît pas l'époque de ce second mariage, mais il est certain qu'il est antérieur à l'année 1262. Cinq enfants naquirent du premier mariage et trois du second.

Le sire de Joinville fut d'abord attaché, comme sénéchal et grand maître de sa maison, à Thibaut Ier, dit aux Chansons, roi de Navarre et comte de Champagne, prince célèbre par son goût pour la musique et la poésie. Ce fut dans cette cour, la plus polie de ce siècle, que Joinville acquit l'expression vive, enjouée, piquante et naturelle, qu'il sut donner à ses pensées et qui domine dans ses mémoires. En 1243, il n'avait pas encore *vêtu le haubert*, c'est-à-dire qu'il n'avait pas encore porté les armes, ni reçu l'ordre de chevalerie. Ce fut en 1248 que le noble chevalier, partageant le zèle religieux qui enflammait alors tous les esprits, et particulièrement ceux de la haute noblesse, résolut de prendre la croix pour aller se joindre aux guerriers qui, sous les ordres de Louis IX, devaient conquérir la Terre-Sainte et l'arracher aux mains des infidèles. Pour subvenir aux frais considérables que devait entraîner un si long voyage, il fut obligé d'engager la meilleure partie de ses biens, en sorte que, après avoir payé son équipement et s'être libéré de ses dettes, il ne lui restait plus que 1,200 livres de rentes en terres. Après Pâques 1248, Joinville quitta son château, mais, avant de se mettre en route, il accomplit de pieux pélerinages à Blécourt, Saint-Urbain et autres lieux, *tout à pié*, dit-il, *deschaux et en lange. Et ainsi que je allois de Blcicourt à St-Urban, qu'il me fallait passer auprès du chastel de Jonuille, je n'ozé onques tourner la face deuérs Jonuille de ce que je laissois mes deux enfants, et mon bel chastel de Jonuille que j'auois fort au cueur.*

Il partit donc, accompagné de neuf chevaliers parmi lesquels on comptait trois chevaliers bannerets, Hugues de Landricourt, Hugues de Thil-Châtel, seigneur de Conflans, et Pierre de Pontmolain, et de sept cents hommes d'armes levés dans ses terres parmi ses hommes fieffés ; cette petite troupe s'embarqua à Marseille sur une nef qui fit voile pour l'île de Chypre et y débarqua après une heureuse traversée

Ce fut en ce lieu que le sire de Joinville rejoignit le roi Saint-Louis qui y était arrivé peu de temps auparavant. Ce monarque avait, dit notre historien, une telle impatience de partir pour l'Égypte que, *si eussent esté les Barons, et autres ses prouchés, qui là lui firent attendre ses gens, qui n'estaient encore tous venuz, que il fust hardiement parti seullet, ou o peu de compaignie.*

Nous avons vu que les ressources pécuniaires de Joinville étaient fort restreintes. Bientôt il se trouva fort embarrassé pour fournir la solde de sa petite armée ; plusieurs chevaliers mécontents se disposaient à l'abandonner, lorsque Saint Louis le prit à son service. Ce monarque, bon appréciateur du mérite, ne tarda pas à s'apercevoir qu'il s'était acquis, non seulement un chevalier de grande bravoure, mais encore un homme d'un excellent jugement, plein de droiture et de franchise : aussi, voulut-il l'attacher à sa personne et l'employer aux négociations les plus difficiles, le retenant, dit Ducange, pour l'un de ses principaux et plus fidèles conseillers.

Dans ses mémoires, Joinville raconte avec détail tous les faits relatifs à cette guerre et les nombreux combats que l'armée des croisés eut à livrer aux Sarrasins : on est frappé de la noble simplicité avec laquelle il parle de lui-même et de ses actions. Cependant, il est constant que dans plusieurs circonstances il se distingua par son intrépidité, et que l'armée chrétienne le considéra comme l'un de ses meilleurs officiers. Lors du débarquement devant Damiette, sa galère se trouvait à l'avant-garde, sa petite troupe vint prendre terre l'une des premières, en présence d'un corps de six mille Sarrazins qu'elle tint d'abord en respect par sa bonne contenance, et qu'elle parvint plus tard à mettre en déroute. Des neuf chevaliers qui s'étaient embarqués avec Joinville, huit périrent dans différents combats ; lui-même atteint d'une maladie épidémique, qui régnait dans le camp, avait été gravement blessé. Dans la désastreuse retraite de Massoure sur Damiette, il fut fait prisonnier et ne dut la vie qu'au stratagème d'un Sarrasin qui servait en qualité de marin sur sa galère. A ce moment, Joinville et ses compagnons coururent les plus grands dangers, se trouvant à la merci des musulmans fort mal disposés à leur égard. Les choses en vinrent à ce point que Joinville put croire que sa dernière heure était arrivée, car il vit le glaive suspendu sur sa tête et se jeta à genoux comme un homme qui va recevoir le coup fatal, lorsqu'intervint le Sarrasin qui affirma qu'il était cousin du roi et lui sauva ainsi la vie. Depuis lors, il n'eut à subir aucun mauvais traitement, on eut même des égards pour lui, mais il fut témoin du meurtre de la plupart de ses gens, notamment de son chapelain qui, en sa présence, fut, ainsi que son clerc, massacré et jeté à l'eau. Enfin, après avoir été conduit au Soudan, à qui il dut faire connaître ses noms et ses qualités, on le réunit à ses compagnons de captivité dont le nombre ne s'élevait pas à moins de dix mille, tous entassés sous une même tente dans le camp ennemi. On le croyait mort, ainsi qu'il le raconte en ces termes : *Et quand je fu dedans entré, tous commencèrent à mener si grant joie de me veoir, qu'on ne pouoit rien ouïr, pour le bruit de joie qu'ilz en faisaient. Car ilz me cuidaient auoir perdu.*

Un traité pour la rançon du roi, de son frère, et de tous les prisonniers chrétiens, avait été arrêté avec le Soudan, mais ce traité fut subitement rompu par la mort du prince musulman assassiné par ses propres officiers. Les Sarrasins, n'ayant plus de chef, se livraient à toutes sortes d'excès et menaçaient d'égorger tous les chrétiens, si l'on n'acceptait les conditions d'un traité nouveau qu'ils imposaient. Le lendemain cependant ce traité fut convenu, les conditions principales étaient : La restitution de la ville de Damiette, et le paiement d'une somme de 400,000 livres, dont 200,000 devaient être versées immédiatement. Les gens du roi chargés de la remise de cette somme, firent savoir qu'il leur manquait encore 30,000 livres ; personne n'avait cette somme. Joinville conseilla de l'emprunter au Commandeur de l'ordre du Temple qui était présent, celui-ci s'en excusa ; Joinville, fort mécontent de ce refus, s'offrit d'aller, avec la permission du roi, la prendre dans les coffres de l'ordre ; cette permission lui ayant été accordée, il était au moment de briser les coffres avec une hache, lorsque le Commandeur, intimidé, lui remit les clefs, et lui laissa enlever la somme qui fut remise au roi, fort satisfait de ce résultat.

D'après les conventions arrêtées avec les Sarrasins, il fallut évacuer Damiette ; l'armée chrétienne se retira donc sur Acre, mais la

peste l'y suivit. Saint-Louis, touché de l'état où les maladies et les
revers de cette malheureuse campagne avaient réduit son armée,
assembla ses conseillers et leur demanda si, dans l'état des choses,
il ne serait pas convenable de retourner en France. Guy d'Ibelin,
comte de Jaffa, opina le premier et fut d'avis qu'il fallait rester en
Terre-Sainte : Joinville, qui fut appelé à parler le dernier, fut le
seul des douze membres du conseil qui osât partager cet avis, ce dont
ses collègues lui surent fort mauvais gré, ainsi qu'ils le lui témoignè-
rent avec aigreur. Le fidèle serviteur put même croire un moment
qu'il avait déplu au roi ; *car*, dit-il, *le Roy qui tousjours auoit de cous-
tume de me faire seoir à sa table, si ses frères n'y estaient ; et aussi
que en mangeant il me disait tousjours quelque chose. Mais oncques
mot ne me dist, ni ne tourna son vis* (visage) *vers moy. Alors me pen-
say, qu'il estoit mal content de moy, pour ce que j'auois dit qu'il n'auoit
encore despencé ses deniers, et qu'il en devoit despendre largement.*
Tout chagrin, il se retira dans l'embrasure d'une fenêtre et y était
depuis quelque temps livré à ses tristes pensées, lorsqu'il sentit deux
bras qui passaient par-dessus ses épaules et deux mains qui vinrent
lui couvrir les yeux ; un moment il crut que c'était Philippe de
Nemours qui, pendant ce jour, l'avait, dit-il, fortement chagriné
pour avoir osé donner un avis opposé au sien. Les doigts cependant n'étaient pas tellement serrés que bientôt il put reconnaître
que c'était la main du roi à une grosse émeraude que le monarque
portait habituellement au doigt. Il voulut se retirer, le prince lui
ordonna de rester et lui dit qu'il s'étonnait qu'il eût osé donner un
conseil opposé à celui de si grands personnages. Sire, reprit Joinville, si le conseil est bon, que votre majesté le suive, et s'il est
mauvais qu'elle l'oublie. Le roi lui fit connaître alors qu'il lui sa-
vait bon gré du conseil qu'il avait donné et que son intention était
de le suivre, et, pour lui témoigner sa satisfaction de la conduite
qu'il avait tenue dans cette circonstance délicate, il lui accorda sur
sa cassette une pension de 200 livres en fief et hommage libre.

La guerre se continua en Palestine où le siège de Césarée offrit
encore à Joinville l'occasion de faire briller sa valeur.

Pour faire connaître le degré de faveur et d'intimité auquel il était arrivé dans l'esprit de son souverain, nous croyons devoir raconter l'anecdote suivante : Joinville ne s'était engagé à servir le roi que jusqu'aux fêtes de Pâques et elles allaient bientôt arriver, il se rendit donc d'Acre à Césarée et se présenta devant le monarque au moment où il causait avec le légat du Pape. « Sire de Joinville, lui dit aussitôt le roi, il est bien vrai que je ne vous ai retenu que jusqu'à Pâques, mais dites-moi combien je devrai vous donner si vous restez avec moi de ce moment à la Pâques dans un an. Joinville répondit, qu'il n'était point venu vers le roi par intérêt, qu'il ne voulait point d'argent, mais qu'il s'offrait de rester à son service à condition que le roi ne se courroucerait pas, quelque chose qu'il lui demandât, ce qu'il faisait souvent, que de son côté, lui Joinville s'engageait à ne se point fâcher lorsque le roi lui ferait éprouver un refus ; à ces mots, le roi se prit à rire et déclara qu'il acceptait la proposition, puis prenant le chevalier par la main, il le conduisit devant le légat auquel il raconta le singulier traité qui venait d'être conclu entre eux.

La reine Blanche , mère de Saint-Louis à qui il avait confié la régence de son royaume venait de mourir, le roi se décida enfin à revenir en France. Joinville fut chargé de conduire la Reine et ses enfants de Sidon à Tyr ; cette mission, fort honorable d'ailleurs, n'était pas sans dangers, car ces deux villes étaient à sept lieues de distance et le pays était couvert de bandes de soldats musulmans qui massacraient impitoyablement les chrétiens qui leur tombaient sous la main ; cependant, il l'accomplit heureusement.

Le trajet pour le retour en France ne dura pas moins de deux mois et demi, pendant lesquels Joinville, monté sur la galère du roi, se trouva constamment près de lui ; son récit nous peint de la manière la plus parfaite la vie privée de Saint Louis dont on ne peut assez admirer la bonté , la résignation pieuse , et les sentiments d'humanité. A Beaucaire , Joinville se sépara du roi pour retourner chez lui ; sur son passage il visita la dauphine de Viennois, sa nièce, le comte de Châlons, son oncle, et le comte de

Bourgogne, et revit enfin son beau château de Joinville en 1254, six ans après l'avoir quitté.

Mais Joinville aimait trop son maître pour en demeurer longtemps séparé, aussi revint-il souvent à la cour; pendant qu'il y séjournait, Saint Louis le faisait habituellement manger à sa table, l'aimant, disait-il, à cause du subtil sens qu'il connaissait en lui; souvent il l'adjoignit au sire de Nesle pour recevoir à la porte du palais les requêtes qui étaient présentées. Lorsque le bon roi rendait la justice en plein air à l'ombre d'un chêne, il le faisait asseoir près de lui, et dans l'occasion, mettait à profit ses bons avis.

Sur la demande du roi de Navarre, son suzerain, Joinville négocia le mariage de ce prince avec Isabelle, fille de Louis IX; il eut la satisfaction de le faire conclure, ce qui n'était pas sans difficultés, car Saint Louis exigeait, comme condition expresse, que le comte de Bretagne et le roi de Navarre qui étaient alors en guerre consentissent à faire la paix.

Depuis longtemps Saint Louis, méditant une nouvelle croisade, prenait des mesures pour arranger les affaires de son royaume et assurer la réussite de cette nouvelle entreprise. Au carême de l'année 1270, il manda tous ses barons au nombre desquels se trouvait Joinville, celui-ci s'excusa d'abord de se rendre à cet appel en motivant le mauvais état de sa santé, mais le roi insista en lui rappelant tout l'attachement qu'il avait pour lui, sachant bien que le brave chevalier ne pourrait résister à un ordre ainsi formulé. En effet, il vint à Paris; mais, malgré les vives instances de Saint Louis et du roi de Navarre, il refusa de prendre part à cette expédition. Il nous exprime en ces termes les causes de son refus : *Mais je leur répondi, que tandis que j'auois esté oultre mer ou seruice de Dieu, que les gens et officiers du roy de France auoient trop greué et foullé mes subgetz, tant qu'ilz en estaient apouriz* (appauvris) : *tellement que jamais il ne seroit, que eulx et moy ne nous en santissons. Et veoie clerement, si je me mectoie au pellerinage de la croix, que ce serait la totale destruction de mesdiz pouures subgetz.* Puis il ajoute : *Depuis ouy-je dire à plusieurs que ceulx, qui lui conseillerent l'entreprinse de la croix,*

firent vnq tres-grant mal, et pecherent mortellement. **Car tandis**
qu'il fut au royaume de France, tout son royaume uiuait en paix,
et regnait justice. Et incontinant, qu'il en fut hors, tout commença à
décliner, et à empirer. D'où l'on peut conclure que l'excuse mise
en avant par Joinville, fondée sur l'intérêt de ses vassaux, quoique
fort bonne, n'était pas la seule qui l'empêchait de condescendre aux
désirs de celui qui lui avait donné tant de marques d'amitié, mais
que dans sa sagacité il prévoyait les malheurs que devait entraîner
cette entreprise et qu'il ne voulait pas s'y associer. La suite n'a
que trop prouvé qu'il avait eu parfaitement raison. Tout le monde
connaît l'issue de cette funeste expédition dans laquelle Saint Louis
perdit la vie, après avoir vu périr la plus grande partie de son armée.

La mort de Saint-Louis fut pour son fidèle serviteur le sujet
d'une profonde affliction. Bientôt sa tendresse put se signaler par
des hommages qui tempérèrent l'amertume de ses regrets. Lorsqu'on s'occupa de la canonisation du saint roi, il s'empressa de dé-
poser comme témoin dans l'enquête qui fut faite. Il raconte qu'un
jour étant dans la chapelle de son château, il s'endormit et que dans
son sommeil le roi lui apparut. Tous deux furent fort aises de se
revoir. *Sire,* dit Joinville, *quant vous partirez d'icy, je vous me-*
neray logier en vne autre mienne maison que j'ai à Cheuillon. Et
il m'estoit aduis qu'il m'avoit respondu en riant : « *Sire de Jonuille,*
foy que je dois à vous, je ne partirai pas si toust d'icy, puis que
ji y suis. » Ce songe lui suggéra la pensée que Dieu et le roi voulaient
qu'il construisit une chapelle en l'honneur de ce dernier, ce qu'il
fit incontinent et y fonda une messe perpétuelle.

Quant aux dignités dont le sire de Joinville fut pourvu, nous re-
marquons qu'en 1271, il exerça la commission de maître aux grands
jours et aux assises de Troyes, et y présida comme le plus qualifié ;
que durant le voyage en Aragon de Philippe-le-Hardi, tuteur de
Jeanne, reine de Navarre et comtesse de Champagne, il fut nommé
gouverneur de ce comté pendant l'absence du roi, et qu'en 1291
et 1296 il assista aux assises de Champagne.

Peu satisfait du luxe qui régnait à la cour de Philippe-le-Bel, il n'y parut que rarement. Mécontent des subventions que le roi voulait lever sur les nobles du royaume, il prit part à la ligue que formèrent contre ce prince les seigneurs et les barons de Champagne, mais l'année suivante ces difficultés furent aplanies par Louis-le-Hutin qui écouta les remontrances des seigneurs et particulièrement celles de la noblesse de Champagne.

En 1315, quoique âgé de 91 ans, il se rendit à Authuie, sur la demande du roi qui avait fait appel à la noblesse pour l'expédition qu'il voulait diriger contre les Flamands; nous avons pensé qu'on lirait avec intérêt la lettre qu'il écrivit à ce sujet au roi Louis X et dont l'authenticité paraît incontestable.

Lettre de Jean, sire de Joinville, au roi Louis-le-Hutin.

« A son bon signeur Loys, par la grâce de Deu Rois de France et de Navarre, Jehans sires de Joinville, ses sénéchalx de Champaigne salut et son service apparilié.

« Chier sires, il est bien voirs ainsis comme mandey le m'avez que on disoit que vous estiés appaisiés as Flammans; et por ce, sire, que nous cuidiens que voirs fust, nous n'aviens point fait d'apparoyl pour aleir à vostre mandement. Et de ce, sire, que vous m'avez mandey que vous serés à Arras pour vous addretier des torts que li Flammeints vous font, il moy sembles, sire, que vous faites bien, et Dex vous en soit en ayde. Et de ce que vous m'avez mandey que je et ma gent fussiens à Othie à la moiénnetés dou mois de joing, sire, savoir vous fas que ce ne puet estre bonnement, quand vos lettres me vinrent le second dimmange de joingt; et vinrent huit jours devant la recepte de vos lettres. Et plus tost que je poiráy ma gent seront apparilié pour aleir où il vous plaira.

« Sire, ne vous desplaise de ce que je, au premier parloir, ne vous appeley que bon signeur, quant autrement ne l'aye fait à mes Sign. les autres rois qui ont esté devant vous, cui Dex absoille. Nostres Sires soit garde de vous. »

« Donney le secont dimange du mois de joing que vostre lettre me fust appourté, l'an mil trois cens et quinze. »

Ceux qui ont vu l'original de cette lettre disent qu'elle portait cette suscription : « A son bon amey seigneur le roy de France et de Navarre; » et ajoutent : « Le sceau de cette lettre (en cire jaune, dit du Cange, de la grandeur d'un grand escus d'or) est encore tout entier dans lequel se voit empreinte la figure de nostre sire de Joinville, sur un cheval caparaçonné de ses armes, avec une bordure de fleurs de lys à l'entour. »

On croit que Joinville mourut en 1318 ou 1319; il était alors âgé de près de cent ans; il fut enterré en l'église de son château; le mausolée qui lui fut élevé a été détruit depuis longtemps et il ne reste aucune trace de ce monument qui, sans doute, répondait par son architecture à la haute position de celui auquel il était destiné. Nous reproduisons d'après un dessin fait en 1629, son effigie qui était sculptée sur la pierre qui formait le tombeau; une épitaphe fut trouvée dans sa sépulture en la même année 1629 , lorsqu'on rétablit le cœur de l'église de Saint-Laurent du château de Joinville. Elle était ainsi conçue :

Copie de l'épitaphe de Jean, sire de Joinville.

D.   O.   M.

Quisquis es, aut civis, aut viator,
Adsta, ut lugeas, ut legas;
Nosti quem nunquam vidisti,
Terris datum anno dni 1224; cœlo natum 1519:
Nomine, virtute, scriptis, fama nondum mortuum:
Polo utique immortalem et solo,
Dominum. D. Joannem de Joinville
Magnum olim campaniæ senescallum;
In bello fortissimum, in pace æquissimum,
In utroque maximum:
Nunc ossa et cineres.
Tanti viri animam in cœlis viventem immortales amant,
Corpus in terra superstites mortales colunt.
Ingenium candidum, affabile et amabile
Ludovico regi sanctissimo gratissimum, principibus laudatissimum,
Galliæ utilissimum, patriæ suæ perhonorificentissimum
Immortales amant, mortales colunt, omnes honorant.
Nos zona sancti Josephi e terra sancta asportata ab eo feliciter donati,
Domino subditi, cives nostrati, amici munerario
Inclytis corporis ejus exuviis, cinerumque reliquiis
Ruiturum nunquam amoris fidelissimi, amantissimæque fidei monumentum.

MM :   LL :   PPS :

Plura ne explora, sed plora, et ora, ac abi obiturus.

Requiescat in pace.

Ce fut sur la demande de la reine Jeanne, épouse de Philippe-le-Bel, que Joinville écrivit, dans les dernières années de sa vie, l'histoire de Saint Louis. Il est le seul contemporain, qui ait retracé les faits de cette époque. Sans lui nous n'aurions connu que très imparfaitement la vie privée du saint roi, auquel il resta attaché pendant vingt-deux ans, et les actes qui se sont accomplis dans cette croisade si pleine de péripéties émouvantes. La clarté et la précision avec lesquels il les retrace, nous en rend pour ainsi dire témoins. Ses récits sont vifs, animés et empreints d'un caractère tout particulier, dont le charme et la naïveté ne se retrouvait au même degré dans aucun historien. On croit entendre parler l'excellent prince, dont l'austérité contraste avec la vivacité et l'enjouement de son jeune ami auquel il n'épargne, dans l'occasion, ni les conseils, ni même les réprimandes et que celui-ci nous retrace avec candeur. Lorsqu'avec un peu d'étude on s'est familiarisé avec son langage suranné on s'y attache et on lit et relit ces mémoires avec un intérêt toujours croissant. Joinville leur a dû la légitime célébrité dont il jouit ; sans eux le noble châtelain, le guerrier intrépide ne se serait présenté à la postérité que perdu dans la foule des chevaliers du moyen-âge, qui n'étaient ni moins nobles, ni moins intrépides, et dont il ne reste cependant qu'un bien faible souvenir.

Nous n'avons voulu dans cet opuscule que retracer quelques-uns des traits les plus saillants de la vie du sire de Joinville. Pour faire un travail complet, il aurait fallu une plume plus exercée que la nôtre, et à cet égard nous devons reconnaître notre insuffisance. Mais, nous aurons atteint le but que nous nous sommes proposé, si nous avons démontré que Joinville fut un chevalier digne par son courage, sa loyauté et sa franchise, de l'amitié de l'un des plus grands monarques qu'ait eu la France ; qu'il fut un seigneur plein de bienveillance et d'humanité pour ses vassaux ; que, dans ses écrits il s'est élevé, par son seul génie, à la hauteur des historiens les plus distingués à une époque où l'étude des lettres n'entrait pour rien dans l'éducation d'un gentilhomme; qu'enfin il a mérité la marque d'estime que lui donne la postérité et que la patrie réserve à ses enfants les plus illustres.

+ SIOHANNIS · DOMINI · IOINVILLE · SENESCALLE · CAMPANIE
+ SECRETVM · DNI · IOINVILLE

www.ingramcontent.com/pod-product-compliance
Lightning Source LLC
Chambersburg PA
CBHW051418060726
47596CB00005B/2276